Caminolla

Jorma Luoma

Caminolla

Pyhiinvaellus runoja

Kustantaja: Books on Demand, Helsinki, Suomi
Valmistaja: Books on Demand, Nordstedt, Saksa
ISBN: 978 -952-80-0658-9

Sisällysluettelo

FIRMAS Y SELLOS

Fecha: 9.5.2000 Fecha: 10.5.2000 Fecha: Fecha: 20.5.2000

Fecha: 11.5.2000 Fecha: Fecha: Fecha: 20.5

Fecha: Fecha: 19.5/00 Fecha: 19-5-2000 Fecha: 21.5.00

Fecha: 26.5.2000 Fecha: 27-5-2000

Fecha: Fecha: Fecha: 27/05/00 Fecha:

Fecha: Fecha: Fecha: Fecha:

SAN JUAN
PORTOMARIN
25/5/2000

XACOBEO'99
CAFE-BAR MANUEL

Lukijalle

Nämä ovat pieniä runoja pitkästä matkasta lapsen
kuoleman muistoksi. Meidän suorittaessa fyysistä
matkaamme, hän oli mukana hengen matkallamme
ja hän kulkee myös näissä runoissa mukana.

Se oli aikaa, kun särkyneen elämän jälkeen aletaan
harsia palasia kokoon ja yritetään löytää
mielekkyyttä elämän jatkamiselle. Me haettiin sitä
fyysisten ponnistusten ja kipujen kautta. Se kantoi
meidät pahimman yli.

Sinä innoitat minua
       siivekäs orava,
skorpionipyrstöinen kyyhky.
Oi keiju on muotosi lukematon.
Pamplonan kadulla juokseva härkä,
       enkelin siipi.
Olet alati muuttuvaa pumpulia,
       hiljaa kadoten
ja tyhjästä ilmestyen.
Silmiesi meri on suurempi,
       kuin ihmisen maailma.
Sinun mantereesi ylittävät
       ihmisen käsityskyvyn.
Olet ilmaa ja tuulta
       ja hyväilet minua
       tuulen suudelmilla.
Olet kuulas ja kirkas avaruus
       kämmenelläni.
Olet valon ja rakkauden
       lapsi.

Leonin vuorten
    kukkivat kanervat
    huojuivat tuulessa,
    kun katselin selkääsi
        polulla.
Polulla
    jolle poljimme
    rauhattomuutemme.
Jalkojen rytmi,
    sydämen lyönnit,
    hiustesi liike,
        samaan tahtiin
        elämä.

Kirkonkellojen ääni kaikui
vuorten seinämistä.
Tiesin tehneeni parhaani,
mutta sekään ei riittänyt.
Sauva koetteli kivien kärsivällisyyttä.
Tarjosin sinulle mustaa surua
ja rakkautta
hengen matkallamme Santiagoon.
Olimme tulleet paikkaan,
jota eläimetkin kaihtoivat.
Punainen savi imi jalkojamme,
kenkämme kasvoivat
sata numeroa,
sinä olit kanssamme.
Mutta niityillä Kissankello tanssi
ja haikarat kantoivat ruokaa
poikasilleen
kirkontorniin.
Silloin minä lauloin ylistyslaulua
elämälle.

Tämä on minun vereni,
juokaa se minun muistokseni.
Ja minä join ja minä kävelin
kymmenen viikkoa,
kuumassa erämaassa, paahteessa,
myrskyssä, kaatosateessa ja
räntäsateessa.
Ja minä kävelin pilvien yläpuolella,
taivaan alla, maailman yllä.
Minä luin tappouhkauksia
tunnelien seinistä.
Minä makasin kirkkojen lattioilla
ja rukoilin otsa ruvella,
saamatta lohdutusta.
Punaviinin uneen turruin.
Huusin keijua ja näin
hänen lentävän yläpuolellani,
visertelimme toisillemme.
Ja minä mursin leivän,
syödäkseni.

Minä kävelin yli kivisen erämaan,
   minä kävelin halki laaksojen,
   minä ylitin jokia ja vuoria
   ja minä murehdin maailman tilaa.
Ja bodegan isäntä tarjosi minulle
                hienointa viiniään.
Halusin lisää,
   halusin humaltua
           ja laulaa vuorilla.
Punanenä hymyili minulle
           vuoren huipulla.
Käänsin katseeni alas maailmaan
           ja näin hädän
           ja tunsin pahuuden
           ja minua kylmäsi.
Huusin Kissankelloa.
Hän näytti minulle onnea ja iloa
   ja minä rauhoituin.
Tiesin että vielä oli toivoa,
   sillä ilman toivoa
   en jaksaisi jatkaa.

He olivat matkalla Santiagoon
ja ojensivat minulle leivän.
Lämpimän sateen laskeutuessa
maahan,
minä mursin leivän
bussipysäkillä.
Nousematta bussiin
aloin syödä lahjaa,
rakkauden lahjaa,
Jumalan lahjaa
ja minä sain voimaa
ja iloa
sitä syödessäni.
Minä tiesin pääseväni Santiagoon
ja tunsin syvää kiitollisuutta
nuoria
leivänantajia kohtaan.
Näin heidän hymyilevät kasvonsa
mielessäni
koko päivän.

Caminolla
on vain pyhiinvaeltajia.
Kaikki muu on harhaa,
kulissia,
insinöörit, lääkärit ja johtajat.
Voiko toivoa anteeksiantoa
tuomalla maallisia ansioitaan
esiin?
Vain etsijä löytää caminon
ja todellisen itsensä,
unohtamalla itsensä.
Vain hän pääsee osaksi ketjua,
virtaa,
joka muuttaa pyhiinvaeltajan
elämän.
Hän uskaltaa astua muutoksen tielle
päästyään Santiagoon.

Ihminen minussa
　　sortuu ihmisen houkutuksiin.
Menninkäinen minussa
　　　　　　　etsii unelmia.
Minä minussa
　　　　　　　etsii totuutta
　　ja keiju minussa
　　sanoo rakastavansa minua.
Ja Jumala on.
Minä kannoin kiveä
　　ja minä kannoin simpukankuorta
　　　　　　　ja syntejäni
　　　　　　　Santiagoon.
Katedraalin edessä
　　minulle tuli seestynyt olo.
Minut oli puhdistettu
　　ja minut oli vapautettu
　　　　　　　ihmisen taakasta.
Minä halasin pyhiinvaeltajia
　　　　　　　ja itkin ilosta.

Verenpunaiset unikot,
    tuskien taival,
        lohtu.
Itkevät rakot jaloissa,
    haikaran soidinlaulu,
        kaksoset,
    kirkko ja kaivo.
Ihmisen pyhä kolminaisuus,
    suru, tuska ja lohdutus.
Palanut niska paahteessa
    mielen varjoissa
        vaeltaa.
Murrettu leipä ja viini
    sinun muistoksesi.
Kivinen risti,
    kivinen silta,
    kivinen polku
        matkalla
        Santiagoon.

Huokaillen eukalyptuspuut
            valuvat vettä,
    sataa kaatamalla.
Olemme osa polulla virtaavaa puroa.
    kuiskaava metsä
            raikkaana tuoksuu.
Kukkien terälehtiä tiellä,
        jalka veteen uppoaa,
        vaeltajan kengässä vettä.
Etanalla poikasia
                polulla,
    vilja laossa
                pellolla.
Koiratkaan eivät hauku,
        kun luonto itkee.
Vuoksesi vuodatetut kyyneleet pesty
            caminolla.

Hiljaa virtaa pyhiinvaeltajat
                    caminolla,
kuin Rio Ega Estellassa
vuodesta toiseen.
Olin osa tätä virtaa
                    muistoksesi.
Kumpi loppuu ensin,
        pyhiinvaeltajat polulla,
        vai vesi Rio Egalla,
        sitä mietin erämaassa.
Olin kuin Saharassa,
        tunsin kuivuvani.
Näin luuni hohtavan auringossa.
Kuka muistokiven minulle antaa
        ja caminolle sen kantaa,
        kuka sen eteen hiljentyy?
Meidän kulkua haukat vahti.

Via dolorosa Santiagoon
niin monelta katkeaa.
Kyttyräselkäiset vaeltajat
kurkina polulla kulkivat.
Yksi tippui aurasta ja
irvisti tuskasta,
päättyi taival tuskien.
Kuka pääsee Santiagoon,
kuka löytää tien totuuteen?
Hengen matkalla vaeltavat,
etsivät totuutta,
heidän sielunsa pääsee
Santiagoon.
Ristiinnaulitun jalkojen juuressa
kuuntelin kirkon vaiheita,
minun uneeni kuolleet
saapuivat.
Kristuksen haavoista vuosi veri
Santa Lucian siunauksen alla.

Jouduin Meliden kylmään syleilyyn
matkalla Santiagoon.
Se yllätti minut täysin,
hytisin luitani myöten.
Kolusin kylmiä baareja,
hain lämpöä,
pizzerian nurkkaan vajosin.
Hiljaa suli sieluni jää,
vino tinto lämmitti
sitä todellisuutta.
Atlantin tuulet työnsivät huomista
edellään,
odotin kauhulla aamua,
joudunko myrskyä vastaan?
Säärikarvoihini sulanut räntä
valui hien ja
kyynelten kyllästämälle
polulle.

Yksi leipä ja viini
olisi täyttänyt vatsan,
tyydyttänyt nälän.
Mitä on mennä nukkumaan
ilman ruokaa?
Pyhiinvaeltajan oli tämä koettava
ymmärtääkseen,
kasvaakseen ihmisenä.
Liittyäkseen miljoonien ihmisten joukkoon,
jotka elivät nälässä.
Kaiken koetun jälkeen
pyhiinvaeltaja ylisti leivänantajia,
kiitti
ja siunasi heitä.
Hän tunsi lämpöä
ja rakkautta
viininantajaa kohtaan
caminolla.

Hevoset hirnuivat toisilleen,
   pienten koirien
        armeija marssi.
Kissat tanssivat yli ojien
   vaeltajan unen maassa.
Vino tinto ja pala leipää
   sai mielen hehkumaan,
   kun vuorilla Leonin
   kävi kanerva kukkimaan.
Haikarat pesässään
        kasvatti sukua,
   haikaran lukua.
Kulki ohi virta
   pyhiinvaeltajien.
Hehkuvat ruusut huojuivat tuulessa,
   koirat ja linnut
        lauloivat kilpaa,
   viinirypäleet kypsyivät
        auringolla.

Jonkun on käveltävä
      vaikka jalat rakoilla,
      varpaat verillä,
      kynnet irtoillen.
Mutta käveltävä on
      sisäisen pakon ajamana,
      tuskan turruttamana,
      surun sumentamana,
      muuten ei tunne mitään.
Kun elämä vie tunnon
      täytyy kävellä,
      pitää huutaa
      ja takoa päätä seinään,
      että tietäisi elävänsä
      kuollut mies.

Päivämme soljuivat yli caminon,
          katseeni lepäsi
kulkuasi seurasi.
Törmäpääskyt syöksyivät pesistään,
minä ulvoin alla
          hehkuvan auringon.
Suora suoran jälkeen jäi,
          emme itkeneet,
pian eessä vuoret Leonin
ja hehkut vuorten värien.
Kukat puna-, sini-, keltahehkuiset
värjäsivät rinteet vuorien.
Ukkosmyrskyn uhatessa
juoksin seassa tuoksujen.
Vaeltajan sukellus vuorelta sumuun
          sai mielen laskuun.
Kulkevatko sumussa kuolleiden sielut,
          muinaisten vaeltajien.

Koira caminolle kaipasi,
    matkaan vaeltajan lähti.
Koira surusilmä kaihomieli
    vaeltajan murut nieli,
    sade selkään ropisi,
    kun vaeltajaa seurasi.
Mato muurilla murisi,
    koira kakkaa haisteli,
    vaeltajan tuskanpäivät
    pilviverho peitteli.
Etana sarviaan ei näyttänyt
                sadetta sain,
    kissat sisällä lymyilivät,
    caminolla minä vain.
Tornadoja luvattiin,
                myrskysi,
    huusin lisää,
    kohtaloa uhmasin.

Ei vaellus ole ylistyslaulua
Jumalalle.
Se on kurassa ja ravassa tarpomista,
verta vuotavia rakkoja jaloissa,
kipeytyneitä niveliä,
tuskaa ja kuumetta.
Näläntunnetta caminolla
ja ylensyöntiä tavernoissa,
viiniä bodegoissa.
Kaiken kärsimyksen keskellä
se on myös hurmiota,
vaeltajien halaamista,
rakkautta.
Se on käsin kosketeltavaa elämää,
elämää tässä ja nyt,
jota lähemmäksi ei voi päästä,
sillä caminolla sinä olet
elämä itse.

Kävelevät pyhiinvaeltajat,
 juokseva vesi
  kaivolla.
Altaan reunalla kimalteleva
 elämän neste.
Tuulen lennättämä pöly
  mukulakivillä
 tarttui hikiseen otsaan.
Huulet ahmivat vuoristolähteen
  raikkautta.
Sauva kaatui kolahtaen
  katuun.
Aurinko ahmi vaaleaa ihoa,
 simpukka kilahti
  solkeen.
Mieli kulki tajunnan
  rajalla.

Unikkomeri nousi
   kuivasta pellosta,
   lainehti tuulessa.
Vaeltajan kenkä
   siirteli kiviä tiedostamatta
         polulla.
Mieli etsi rauhaa
   monien iskujen jälkeen.
Aamusta iltaan
   jalat ohittivat toisensa
         caminolla.
Elämä sai uuden rytmin,
   aivot aikaa ajatella
         tapahtunutta.
Mieli kirkastui tajuamaan
   todellisuutta,
         rakkautta.

Se oli nousua
        pilven tuolle puolelle,
        mielen huipuille
                ja laaksoihin.
Lihasten jännitystä, kipua
        ja verta vuotavia rakkoja.
Ääniä menneisyydestä,
        lasten huutoja, naurua
        keskellä äänettömyyttä,
                siellä,
        missä luonto vetää henkeä,
                siellä,
        missä voit tuntea kosketuksen
                tyhjyydestä.
Tuuli viskoo muistoja rinteille,
        polulle ja pensaisiin.
Kanervien kukat kertovat tarinaa
                vaeltajista
                Santiagoon.

Sinä tulit lähelle,
 minä sain armon,
 kosketit minua.
Hehkuvan pellon yllä
 seurasit minua,
 livertelit minulle.
Mennään leikkimään,
 tuolla on keinu,
  tuolla.
Sinistä taivaankaarta vasten
  hymyilit
 lämmitit säteilläsi.
Suljit minut
  pumpuliin,
Kannattelit minua polulla
  rakas.

Heidän liikkeensä olivat hidastuneet
ja he puhuivat sekavia.
He olivat saapuneet paikkaan,
missä taivas ja maa yhtyivät.
Linnut olivat hävinneet.
Vain pyhiinvaeltajat kulkivat tällä rajalla,
etsien vastauksia ja itseään.
Onko minuus aivoissa,
jotka ohjelmoivat ihmistä näihin suorituksiin,
vai jaloissa,
jotka tekevät työn?
Hengen ja ruumiin voimalla
he saapuivat vuoristokylään.
Kaikki tuntui olevan yhdentekevää.
He tulivat pilvestä,
jossa juuri kun toivo oli kadota,
repäistiin verhoa.
Heille näytettiin henkeäsalpaavan kauniita maisemia
alhaalla laaksossa.
Henget tarjosivat keppiä ja porkkanaa.

Alitajunta kieltäytyy pysähtymästä.
Unessa laukkaan caminolla.
Sinä olet kanssamme tyttöseni.
Milloin haistelemme pinjamäntymetsiä
    ja seuraavassa hetkessä katsomme
    kukkulalta edessä aukeavia laajoja tasankoja.
Ylitämme jokia ja vuoria.
Saavumme uupuneina kyliin ja kaupunkeihin.
Vietämme siestaa puistonpenkeillä
    ja pellonpientareilla.
Juomme vettä bensa-asemien vessojen raanoista,
    kaivoista ja joista.
Olemme myrskyssä ja räntäsateessa
    ja seuraavassa hetkessä kärvennymme helteessä.
Istumme hiljaisina kirkkojen penkeillä
    ja ihailemme kauniita alttaritauluja,
Näemme lehmä- ja lammaslaumoja
    ja hymyileviä ihmisiä.
Tunteiden kirjo lyö laidasta laitaan.

Yöt vaellan rajalla
    etsien aukkoa tai porttia.
Välillä onnistun painautumaan rajapintaan kiinni
    ja kommunikoin rajan takana olevien kanssa.
Se on maailma vailla logiikkaa
        minun silmissäni.
Siellä kaikki elää
    ja muuttuu kaiken aikaa.
Toisinaan lennän avaruuden korkeuksiin,
    tai kierrän maapalloa matalalla lentäen.
Se on ainoa paikka,
    missä voin tavata rakasta tyttöäni.
Siellä olemme lähellä toisiamme.
On aina yhtä hellyttävää vaihtaa pari sanaa,
    ja koskettaa toisiamme.
Näistä tapaamisista saan paljon voimaa.
Kerrankin sain henkenä kiitää
    pyhiinvaelluspolun yläpuolella.
Polun mutkia ja nousuja,
    sekä laskuja seuraten.
Nykyään elän vain puoliksi tässä maailmassa.
Toinen puoleni kolkuttelee rajalla,
        liehitellen kuolemaa.

On iltahämy.
Aurinko leikkii pilvien kanssa.
Kuolleiden sielut puhaltavat.
Tuulikello soi.
Minun kuolleen tyttöni henki tanssii taivaalla
        kanssa pääskysten.
Silloin sinä olit luonani,
        kanssani.
Tunnen yhä läsnäolosi.
Sinä siirryit rajan taakse.
Seurasin sinua pääsemättä luoksesi,
        kun ovi sinulle avattiin,
        sinä hymyilit.
Sain osani ovesta tulvivasta rakkaudesta.
Minulle jäi syvä kaipaus.
Öisin kuljet kanssani,
        tuoden lohtua levottomuuteeni.
Päivällä katson varjoani,
        johon sieluni pakenee.
Jokaisen roson tien pinnassa koluan.
Olen poistunut ihmisten maailmasta
        varjojen maahan.
Suoritan palvelu tehtävääni
        omasta todellisuudestani,
        rajavyöhykkeen vankeudesta.
Vasta kuolema voi minut vapauttaa,
        uuteen todellisuuteen.

Kun voimani uupuivat,
    kun tuntui,
      että en enää jaksa,
sinä tartuit käteeni
    ja kannattelit minua.
Minä leijuin ilmassa ja tuulessa.
Minä unohdin uupuneet jalkani.
Minä kuljin hurmiossa ja
    lauloin laulujamme.
Sinun äänesi soi aivoissani.
Unohdin jalkani,
    jotka veivät minua hitaasti polulla.
Sinä täytit mieleni
    ja otit vallan ruumiissani.
Kymmenen tuntia caminolla
    vailla kipua ja tuskaa.
Rakot olivat todiste pitkästä
    ja raskaasta vaelluksesta,
      minuuden kiitäessä henkisellä polulla.

Kaikki vaivat asetettu polulla,
että ymmärtäisimme,
se on kuin elämä,
yhtä rosoinen camino.
Nousu myrskystä nälkäisenä
auringonvaloon,
leivän ja viinin
ääreen.
Niin myös elämä vie,
vie rakkaita,
mutta myös tuo
uusia hetkiä.
Camino opettaa,
ei saa pysähtyä suremaan,
vaan pitää jatkaa
ja muistaa lämmöllä
pois nukkuneita.

Jos aiotte pyhiinvaellukselle
  niin tehkää se avoimin mielin.
Vaikka ympärillänne tapahtuisi mitä tahansa,
  niin älkää antako sen häiritä vaellustanne.
Kaikki esteet ja avut on eteenne tuotu,
    että te kasvaisitte ihmisinä.
Ottakaa siitä kaikki irti,
  sillä tilaisuus on ainutlaatuinen,
        jos vain annatte sen tapahtua.
Siellä voitte nähdä
Ufo-kylien kujilla leijonakoirat lepäämässä.
Hostellin timantinterävän suihkun.
Nunnat kantamassa viiniä pöytään.
Camporanayan bodegan isäntä tarjoamassa
        jumalten juomaa
        uupuneille vaeltajille.
Punaisen pellon kosteuden,
        jota hengetkin karttavat.
Varaudu myös yllätyksiin,
        poliisilla uhkailuun,
    petokoirien uhmaavaan hyökkäilyyn,
        pelkoon eksymisestä,
        täysistä refugioista.
Mutta on hyvä muistaa
        että aina asiat järjestyvät,
  kun ympärillä on hyvyyttä ja rakkautta.

Viha täytti mieleni,
   viha elämää kohtaan,
   viha Jumalaa kohtaan.
Jalat polkivat vihaa polulla,
   anteeksianto löytyi
          caminolla.
Viha valui ulos vuotavista rakoista
   ja hikihuokosista.
Se hukkui kipuun ja tuskaan,
   valui maahan
         sateena.
Anteeksianto nousi kirkkaalle
        taivaalle,
   tervehti huojuvissa unikoissa,
       lauloi lintuna
   ja hymyili pyhiinvaeltajien
        kasvoissa.
Rakkaus täytti mieleni.

Niin paljon siltoja ylitettävä
yli jokien
ja mielen paakkujen.
Fyysiset sillat on rakennettu
ruumiin kulkea.
Henkiset sillat on itse rakennettava.
On ylitettävä monta jokea,
vihan virta,
katkeruuden uoma,
suvaitsemattomuuden suo,
kateuden koski,
että meillä rauha olisi.
Rauha joka suo meille
ymmärrystä,
oikeamielisyyttä,
viisautta,
auttavaista mieltä
ja ennen kaikkea rakkautta.

Lapseni
sinun kuolemasi kasvatti minua
ihmisenä
tuhat vuotta.
Työskentelin turhuuden turuilla,
jossakin elämä
piilossa.
Sinä kasvatit minua
kuin vanhus pikkulasta,
lapseni.
Sinä kylvit siemenen
laajempaan ymmärrykseen.
Caminolla siemen kasvoi viljaksi.
Vanhuksena kypsyttelen
tätä rakkauden viljaa
ja odotan korjaajaa,
sadonkorjaajaa.

Valo virtaa sydämeeni,
    lämmin käsi koskettaa,
            antaa voimaa,
            lämpöä
            ja rakkautta.
Sinä tulit eläväksi jälleen,
    hymyilit minulle.
Katsoit minua syviin silmiin,
    tähdet tuikkivat katseessasi.
Me olemme aina yhtä,
    tässä ja nyt,
            kaikkeudessa.
Sinä kuljetat minua
    läpi unen ja usvan,
    halki elämän,
            caminon.

Sinun kultaiset kutrisi,
   sädekehä kasvojesi
          ympärillä,
   loistaa valoa
      elämääni.
Olen etuoikeutettu,
   kun kaiken koetun jälkeen
      tuot lohtua.
Haaveilimme caminosta,
   kun vielä olit tiellä
      kanssani.
Kuljit kanssani hengen caminon,
      tunsin läsnäolosi.
Valaisit polkuani
      rakas.

He nojasivat tuulta vasten,
    säärikarvat keräsivät räntää
        pilvien yllä.
He vaelsivat elämän rajalla,
        lintujen yläpuolella,
        taivaan alapuolella.
Pilvet raottivat verhoa,
    unikkopellot lauloivat laaksossa,
        kaskaat puissa.
Rakot itkivät jaloissa
        tunteettomina.
Sauva koetteli kivien kärsivällisyyttä,
        taivas vaati tilille,
        tuska tulena poltti.
Kivisen kylän kylmyys torjui heidät,
        tuomitut.

Silta yli mielen,
                        yli joen
    caminolla.
Monia esteitä ylitettävä,
    kirkkaan puron silmä
    seuraa vaeltajaa.
Silta joka vie hengen
    uudelle tasolle,
    sielun sisimpään.
Alitajunta kerää helmiä
                        polulla.
Ruumis vaipuu horrokseen,
    polkee polkua,
    kun henki laulaa
    ja sielu rukoilee
                        viisautta,
                        rakkautta.

Kirkkojen kaivoilla
    sammutimme janoamme
        auringolla,
haikaran silmän alla.
Vuoripurojen raikas vesi,
    elämänantaja
täytti solumme.
Olimme valmiit jatkamaan.
Askeleemme kaikuivat
    kapeilla kujilla.
Vaeltajan sauva kolahti
    katukiveen.
Viinirypälepelto aukesi eteemme,
    olimme pellolla,
missä rypäleet kypsyivät
bodegaan vietäväksi,
    viini.

Hetkemme caminolla,
   yön sylissä
         kuutamolla
haimme rauhaa
      rauhattomat.
Sinisten lyhtyjen alla
   vaeltajan sielu lepää,
   henki vaeltaa
      tähtien polkua.
Sydämen tahtiin
   jalat polkevat,
      etsivät eheytystä.
Näimme sinut siellä uudelleen
      rakas,
   siellä saimme armon
      kaikesta.

Tarjosin sinulle verta, hikeä ja kyyneleitä
hengen matkallamme
Santiagoon.
Jalkamme haukkoi happea
unikkopellon pientareella,
auringolla.
Haavoitetut rakot tihkuivat verta,
ruumis huusi viiniä,
sielu lepäsi.
Ristiinnaulitsemisen jälkeen,
ajatuksen lyhyt tauko
herätti sielun.
Alkoi vaeltajan hengen matka
vailla vaivoja,
kohti taivasta.

Sinun tukkasi on kuin tulta,
    minun tukkani on kuin tuhkaa.
Sinun elämäntulessa vanhenen,
    kunnes olen pelkkää tuhkaa.

Me muistomatkalle lähdettiin
        sinun kuolemasi jälkeen.
Yhä muistomatkamme jatkuu,
    kunnes silmämme viimein sammuu.

Mitä sinun tuhkasta kasvaa,
    mihin pohjavedet sinua vie?
Kuljetko punaviiniin,
    jota ahnas ruumiini juo?

Pyhiinvaeltajan ruumis
vaivaan alistettu,
että sielu kirkastuisi.

Tekeekö sen polku,
tekeekö sen kuumuus,
tekeekö sen sade,
tekevätkö sen tuskat ja vaivat?
Vai riittääkö siihen mietiskely?

Ihmisyyden suossa rämpii,
pyhiinvaeltaja.

Näin kengät numeroa sata.
Olivatko ne enkelin kengät?
Toin ne pihalleni.
Olin liian pieni niihin.
Ehkä kengät lähtevät kävelemään,
        kun muutun enkeliksi.
Siitä tiedätte,
        että olen muuttanut
                uuteen kotiin,
        vaeltelemaan taivaan valtateillä.
Tuulessa voitte kuulla huutoni,
        lintujen suulla laulan.
Kukkien terälehtiä availen
        ja niitä maalailen.
Joskus voitte tuntea pienen töytäisyn,
        kun jokin uhkaa teitä.
Yön hiljaisina tunteina siivilläni
                poskianne sivelen.
Kun levitän ympärilleni rakkautta
                ja lempeyttä,
        tiedän kasvaneeni kenkiin
                numero sata.

Rajan takana kulkien he saapuivat perille.
Rakkoja ihmetellen vaipuivat unen maahan,
      kolmanteen ulottuvuuteen.
Tänäänkö on neljännen aika,
      kun aamu valkenee?
Tänäänkö he kohtaavat kuolleen caminolla?
Tänäänkö sielun kahleet murtuvat
      ja taivas aukeaa?
Tänäänkö vaeltaja vastauksen saa,
      kaiken tarkoitusta pohtiessaan?
Saadakseen tietää ennen kuolemaa,
            jos silloinkaan.

Santiagon tiellä
   tuhat vuotta
         ihmiset
Jumalaansa etsineet.
Liitin itseni
   tähän virtaan.
Vaikka ruumiini kuolee
   tulen osaksi
         tätä ketjua.
Henkinen jälkeni
         caminolla.

Santiagon tiellä
itseäni etsin.
tunsin kipua,
siis elin.
Niin herkästi itkin
ja nauroin,
niin oikea ja aito
elämä,
vain rakkaus
on tärkeä.

Pitkän sateen jälkeen
   metsä raikastuu,
   tuoksuvat puut.
Me hymyilimme jälleen.
Taas kuulen linnun laulun,
   on autereinen päivä tää,
   sinä elit kauniin
          elämän.
Ovat jäät sulaneet,
   on toiveesi täyttynyt,
   ei saa jäädä
          suremaan.
Sinä olit päiväperho,
   sinä olit kukkanen,
   nyt tanssit kanssa
          enkelten.

Tämä oli yksi vaellus
    keskellä elämän vaellusta,
on henkinen taival
            edessä.
Sumuverhon läpi seurasin
    kumaraista hahmoasi,
    kyttyräselkää viitan
            alla.
Minä rakastan sinua,
    surumielistä ilmettäsi,
    päättäväistä menoasi.
Silmieni edessä katedraali,
    sinä kävelit itkien,
    sinä surit sairasta
            kissaa.

Mikä saa miehen laulamaan,
vaikka vettä sataa?
Mikä saa ihmisen
unelmoimaan
synkän kurjuuden keskellä?
Mikä saa uskomaan
elämän voittoon,
vaikka rakkaita vierestä
kuolee
ja hautajaiset seuraavat
toisiaan?
Se on usko, toivo ja rakkaus,
joka elämänlaivaa kantaa,
ilman niitä ei jaksaisi
elää.

Sieluni sirpaleet
               kokosivat,
mieleni paakut avasivat
          camino.
Särkyneen elämäni palaset
               harsi
kävely ja ponnistelu.
Fyysinen kipu avasi portin
elämän mielekkyydelle
ja kantoi meidät
               pahimman yli.
Tärkeintä ei ollut maali,
               vaan matka,
polku joka toi rauhan.

Pieniä hetkiä caminolla

Kivinen lattia
muuttui jääksi.
Kuumassa jalassa
uni jään sulatti,
refugion varjoissa.

*

Verenpunainen
unikko kumartaa,
etelän auringon alla.
Kenkä hipaisee,
silmä ihailee.

*

Haikaran kaartelu
kirkontornin yllä,
toi toivon poikasille.
Vaeltajan silmä siirsi,
aivoille kuvan piirsi.

*

Hehkuvat kanervat
palavat rinteillä,
ruskan väreissä loistavat.
Vuorilla varjoaika,
kuumalla paahteella.

Vain polku, vuoret
ja sinitaivas.
Kanervahiusten hehku päässäsi,
tuoksut yrttikasvien,
balsamia sielunhaavojen.

*

Aika seisoi muureilla,
rauniokylän kujilla,
katottomissa kodeissa.
Villiruusu hehkullaan
nosti kauneuteen.

Lumihuippuiset vuoret hohti,
katsoi taivasta kohti,
     jalka nousi.

*

Vanhan kirkon kauneutta,
rauhaa ja hiljaisuutta,
     pappi siunasi.

*

Aurinko takaa eteen,
kävelimme länteen,
     polku pöllysi.

*

Unikon kauneus huumaa,
päivällä on kuumaa,
     varjoja auringolla.

Kolmas sänky ylöspäin,
lähdin nousemaan,
kohtasimme rajalla.

*

Kiristysside peitti
vaeltajan polvikivun,
mieli vapautui.

*

Pieniä esineitä
puisella hyllyllä,
suuria muistoja.

Astelen pölyistä polkua,
   auringolla katselen.
Olen pyhiinvaeltaja
   sinun muistoksesi.

Seison vuoren huipulla,
   tuulivoiman siiven alla.
Otin etäisyyttä tapahtuneeseen,
   unohtamatta sinua.

Kylät hiljaiset, kauniit.
   ihmiset ystävälliset.
Sinun piti olla täällä,
   tiedän, että oletkin.

Olen väsynyt mutta onnellinen
　　suihkun jälkeen.
Pölyinen polku takana,
　　laaksot, vuoret ja kukkulat.

Jalat kivusta huutavat,
　　rakot kiristävät.
Pientä on minun tuska
　　sinun lähtösi rinnalla.

Minä kävelin polulla
                    ja lauloin,
polku lauloi kanssani.
Lintu pieni sininen,
        äänesi
        kantoi minua sylissäsi
        kuin sydäntä kämmenellä,
                    itkin.
Itkin ilon kyyneleitä,
                    onnea,
olin siunattu.
Unikot tanssivat pelloilla,
        aurinko suuteli sieluani.
Hyvän olon tunne laskeutui
                    ylleni,
        kaiken kattavana.

Oli äitienpäivä,
    jalkamme rakoilla.
Vianan kirkon aavemaisessa refugiossa
pappi kuunteli tarinaamme,
    lohduttaen meitä.
Kerroimme sinusta,
        itketti,
    saimme vierailta lohdutusta.

"Niin se on lapseni,
Olet mukanamme tällä vaelluksella,
    jonka teemme sinun muistoksesi
            matkalla Santiagoon.
Sinun matkasi on hengen leijumista yli vuorien.
Sinun lapsen sininen uni toteutuu kanssamme.
Olet meidän suojelusenkeli kaiken surun,
        tuskan ja kipujen keskellä."

Yhä uusia kukkia,
äitienpäivän kunniaksi.
Loistivat vuorilla,
kilvan muistosi kanssa.

Nousimme aurinkoisesta kylästä
ylös sumuun.
Pelkäsimme sadetta,
kirkastui.
Joen takana häämötti
vuorten lumi.

Olit tänäänkin mielessäni.
Näin ison kuusesi unessa.
"Ei pidä pysähtyä
miettimään tapahtunutta,"
sanoit,
valveen tuolla puolen.

Aamuinen eukalyptusmetsä
                    kuutamolla.
Vaeltajien lamput
    heiluivat askelten tahtiin.
Tuhannet linnut lauloivat laulua,
    ylistyslaulua
                    elämälle.
Ikiaikainen tuoksu tunkeutui
                    tajuntaan,
                    alitajuntaan,
    vieden meitä aikamatkalle.
Matkalle jolla miljoonat
                    pyhiinvaeltajat
    ovat vaeltaneet
                    ennen meitä.
Ja me olimme yhtä
                    sen hetken,
    ajatuksen lyhyen tauon
                    ajan.

Avautuva portti sielunmaisemaan,
tuskan kautta
puhdistuksen tielle.
Turhuuden markkinoiden tyhjänpäiväisyys
alastomuudessaan
paljastettu.
Arvojen kiirastulen kosketus
nostaa kunniaan
rakkauden.

Määränpähän saapui vaeltaja
  uupuneena, haikeana.
Sinun muistoksesi kulkien,
  Jumalan kunniaksi.

Pilvet väistyivät taivaalta,
  lähti koira seuraamaan.
Kun ei ollut jäljellä taivalta,
  kun he saapuivat Santiagoon.

Ihmetellen catedraalin kauneutta,
  kuin eksynyt lammas.
Hoippuen kohti refugiota,
  sielussaan syvä vamma.

Vaellus on päättynyt,
  työ on tehty.
Loppuun saakka,
  se on täytetty.

Jossain ulvoo koira,
mies vuorilla vaeltaa.
Jälkeen päivän palon,
taas tähdet kukkia saa.
Voi miten rakastan sinua,
kurassa tarpojaa.

Istun koneessa
pilvien päällä.
Etsin sinua
oletko täällä?

Näen kasvosi usvassa,
hymyilet hiljaa.
Katselet minua,
ikävöin sinua.

Tasaista suoraa paahteessa
ohi leikkipaikan.
"Mennään tuonne!"
Huusit aivoissani.

Tulit mieleeni jälleen.

Haukka liitää taivaalla,
kukat tuoksuvat.
Laulan meidän lauluja,
on toukokuu.

Märkä punainen multa
  kuin pirunpelto,
jota eläimetkin kaihtoivat,
  imi voimat meiltä.
Vain pyhiinvaeltajat
  siellä vaelsivat.

Sumua, sadetta ja tuulta,
  sinä kannatit meitä.
Kohotin katseeni puoleesi,
  kiittäen voimastasi.

Unikot pientareella
　punaisina kukkivat.
Pyhiinvaeltaja tallaa
　kovaa, kuivaa maata.

Kylmät refugiot,
　kylmät suihkut.
Pyhiinvaeltaja etsii ruokaa,
　pyykkää ja hoitaa jalkojaan.

Tyynyttömät patjat,
　peitottomat vuoteet.
Pyhiinvaeltaja siinä levähtää,
　nukkuu, uneksii uniaan.

Hymyilevät toisilleen,
　toivottavat kaunista päivää.
Pyhiinvaeltaja saa lohdutusta,
　jaksaa kävelyä jatkaa.

Kuollut koira ojassa makaa,
    kärpäsparvi pörrää.
Sammakot lammikossa kurnuttavat,
    kaskaat niityillä ja puissa.

Pyhiinvaeltaja nurmella lepää,
    on siestan aika.
Puut suovat hänelle varjoa,
    on aika uneksia.

Tyttöni, kulje kanssamme,
    juttele minulle.
On sielusi taivaassa,
    minä pyhiinvaeltajana.

Aamusta iltaan,
   kuumaa polkua
   tallaa pyhiinvaeltaja,
   pää kumarassa, nöyränä,
   aistimatta ympäristöä.

Aivot tylsistyvät,
   ajatukset harhailevat.
Muistelee sinua ja
   välillä laulelee.

Suu huutaa vettä,
   silmät näkevät varjoja auringossa,
   vaivojaan valittamatta
   kulkee pyhiinvaeltaja.

Etanoita maantiellä,
   sumussa kulkee vaeltaja,
   nostaa ojaan etanan,
   pelastaa pienen elämän.

Usvaverho aukeaa,
   paljastaen jylhät vuoret.
Räntää sataa raivoten,
   kumarassa kulkee vaeltaja.

Kellon ympäri kulkee,
   kuin kone maata polkee.
Illan hämyssä saapuu
   nilkuttaen refugioon.

Etsii ruokaa vaeltaja,
   tyytyväisenä syö.
Menee hiljaa nukkumaan,
   pian saapuu yö.

Koko päivän taivas itkee,
nöyryys kasvaa.
Luonnonvoimien edessä
on pieni vaeltaja.

Yritän laulaa laulujamme,
itkien ääni väristen.
Laulan yhä uudelleen,
kunnes en enää itke.

Kuulin on hautasi valmis,
on nurmikko jo laitettu
ja kivi haudallesi.
Se kivi on sydämessäni.

Etanalla poikasia,
vaeltajan kengässä vettä.
Sataa kaatamalla,
huokaillen eukalyptuspuut
valuvat vettä.

Polulla virtaa puro,
asettelee jalkojaan,
jalka veteen uppoaa.
Kuiskaava metsä
raikkaana tuoksuu.

Kukkien terälehtiä polulla,
viljaa laossa pellolla.
Koiratkaan eivät hauku,
murheissaan luonto
itkee vettä.

Lehmänlantaa polulla,
vettä ja kuraa tiellä.
Kurassa kahlaa vaeltaja,
on matkasi taivastiellä.

Vaivat kasvavat,
päätepiste lähestyy.
Koirat haukkuvat
vaivaista kulkijaa.

Jännitys kasvaa,
jaksaako jatkaa?
Sääliä osakseen saa
sateessa ontuja.

Rakeet pomppivat tiellä,
vaeltaja kulkee siellä.
Rankan sateen jälkeen
asfaltti höyryää.

Muistan vielä sen päivän,
         kun aurinko paistoi,
kun etanat piilottelivat kosteikoissa
         ja kissat juoksivat caminolla.

Se oli aikaa,
kun hiki heti haihtui,
kun juotiin kaivolta kaivolle,
kun kuumuus ja kuivuus heikottivat.

Se oli aikaa,
jota kaipaan
         sateen keskellä.

Ken kuolee caminolla,
hän muuttuu osaksi tätä.
Hän on osa eukalyptuspuita
ja tuoksuja sen.
Hän on osa kukkia,
niiden loistetta värien
ja niittyjä, joilla lehmät syö,
taloja, joissa asutaan,
polkuja, joilla tallataan,
sinitaivasta, sadetta jatkuvaa,
          hellettä paahtavaa,
refugioita, suojia vaeltajien,
hän on suojelusenkeli
          pyhiinvaeltajien.
Mutta.
Hän on myös osa
pelokkaita kissoja,
haukkuvia koiria,
laulavia lintuja.
Mutta suurin osa hänestä on,
          sinitaivaassa.

Yö yön jälkeen,
vailla määränpäätä,
aina yhtä eksyksissä.
Se kasvoi aivoihini,
loputon tarve,
yö yön jälkeen etsiä.
Unimaailma opettaa,
nöyränä kulkemaan,
varjoja hakemaan.
Olen hyvin uupunut,
koska yöni kuluvat,
kun etsin sinua.
Tiede punnitsee näkymätöntä materiaa.
Sielläkö olet kultaseni?
Sielläkö on kuolleiden valtakunta?
Kun tähtipölyä punnittiin,
niin sielujen maailmaan kurkattiin.
Oli otettu askel toiselle puolelle.
Oli tultu sielujen maailmaan,
näkemättömin silmin,
ymmärtämättä löydön merkitystä.
Tajuamatta,
että raja oli ylitetty.

Olit vieras ihminen minulle,
mutta paras ystävä.
Koit samat tuskat ja vaivat
matkalla Santiagoon.

Halasimme siellä toisiamme,
ilon kyyneleet vuosivat.
Vannoimme ikuista ystävyyttä,
vaikka emme koskaan tapaisi.

Se ystävyys asuu minussa
syvällä sydämessäni.
Se säilyy siellä aina,
aina hautaani asti.

Me tunsimme toisemme,
ymmärsimme toisiamme,
vaikka emme osanneet sanaakaan
toistemme kieltä,
punanenä ja minä.
Vähin elein kosketimme tajuntaan,
pieni liike kuin perhosen siipi,
silmän kohdistus,
ilmeen hienovaraiset muutokset
kertoivat ilosta, surusta
tai paheksunnasta.
Luimme toisiamme kuin kirjaa
ja hymyilimme,
katedraalin aukiolla halasimme
Santiagossa
ja sinetöimme ystävyytemme,
veljeytemme.
Se oli aito ihmisten kohtaaminen
parhaimmillaan.

Kun tarpeeksi kauan tallaa caminolla,
sitä vajoaa mietiskelyyn,
henki poistuu ruumiista
ja aloittaa vuoropuhelun
    henkien kanssa.
Se on tila jossa ei tunne kipua,
    väsymystä,
jalat vievät hiljaa eteenpäin
    pimeästä pimeään
ja vasta seuraavana aamuna
huomaat kuljetun matkan rasitukset
    ruumiissasi.
Nämä hetket saavat tajuamaan
voimavarojen suuruudet,
jotka meihin on ladattu,
avaavat portin uuteen ulottuvuuteen,
    henkimaailmaan.

Hetkessä ja paikassa eläminen
tuo rauhan,
silloin jokainen paikka,
jossa olemme
on paras paikka.
Silloin meidän ei tarvitse kaivata
muualle,
koska olemme aina kotona.
Koti on tässä ja nyt,
caminolla,
olemisen ilossa, vapaudessa.
Mielemme vankilat ovat pysyvämpiä
kuin rakennetut muurit,
kalterit,
siksi kannattaa irrottaa,
vapautua kahleista,
joihin itsemme kahlitsemme.

Kuolema ei meitä erottanut,
vaan lähensi,
tulit mieleeni, minuun,
otin kipusi harteilleni,
en kestänyt.
Lähdin vaeltamaan kokeakseni
omaa kipua,
peittääkseni sinun kipusi,
joka oli pesiytynyt minuun.
Joku voi sanoa sitä hulluudeksi,
mutta kun kipu lyö kipua
se sulaa,
sitä ei edes kipu kestä.
Nyt suhteemme on haikea,
haudantakainen,
tunnen läheisyytesi lahjana,
lohduttajana,
ammennan voimaa tiedosta,
että olit olemassa.

Teidän vuoksi minä kävelin
elävien ja kuolleiden,
herätäkseni,
sinun vuoksi lintu, keiju
ja sinun tulitukka,
joka tallasit jalkasi hajalle
ja rakastit minua
ehdoitta.
Myös itseni vuoksi minä kävelin,
päästääkseni sinut lepoon
lintuni, keijuni,
herätäkseni tästä unesta
tulitukka,
tullakseni kumppaniksesi uudelleen
pitkän yön ja erämaan jälkeen.
Eheytyminen on jo alkanut,
paluu elämään,
onneen.

Ja kun me jälleen käveltiin,
niin kävely muuttui rutiiniksi,
katse kääntyi alas polkuun,
mutta näkökenttä avartui ylös
            näkemään laajemmin,
katseen tuolle puolelle,
muistin ulottumattomiin.
Ja me saavuimme kyliin
ja kohtasimme ihmisiä,
jotka olivat kuin varjoja polulla.
Olimme yhtä polulla olevien kivien
ja puiden juurien kanssa,
            emmekä enää kompastelleet.
Pilvet leijailivat kanssamme
            keinuvalla polulla.
Unikkopellot loimusivat tulenpunaisina
            auringon alla,
haikarapari vartioi kulkuamme.

Ja minä tunsin yksinäisyyttä,
kun sinä olit kuollut,
jäi jäljelle vain tyhjä tila.
Enkeleitä caminolla,
eikä kukaan huutanut.
Vaeltajat kulkivat kirkosta kirkkoon
ja hiljentyivät vuorilla.
Katseet kohtasivat silmästä silmään,
hymyilivät,
kaikki olivat kauniita
omassa rujoudessaan
reumatismin runtelemin varpain.
Polulla kipu muuttui höyhentyynyksi,
tauolla kaipasi enkelin kosketusta.
Sydämet sykkivät muistoille
etsien helpotusta,
samaan tahtiin elämä.

Mitä hain kolmannelta vaellukselta,
      täyttymystäkö,
hiljaisuutta vuorilta?
Jäin odottamaan neljättä,
  jokin jäi vaivaamaan,
      kaipaus,
  ikävä caminon henkeä,
      ponnistelua polulla,
syvää unetonta unta.
Nyt olen henkisellä matkalla
  muistojen, kirjojen ja valokuvien kera.
Tämä vaellus on vaativin,
  koska se vaatii jatkuvaa kehittymistä,
  itseensä menemistä,
      hengen etsimistä.
Hengen etsimistä itsestäni,
  en voi löytää sitä toisten opeista,
      se on minussa.

Kaikki me olemme tiellä,
mielen ja ruumiin caminolla.
Suurin osa kulkee tajuamatta sitä,
jotkut hakeutuvat sinne tietoisesti
löytääkseen mieltä elämäänsä,
tarkoituksen.
He varustautuvat matkaan
ja kävelevät päänsä tyhjäksi
kuonasta,
löytääkseen timantin,
joka meihin on kätkettynä.
Ne jotka etsivät maallista timanttia,
eivät tule koskaan kylläisiksi,
vaan etsintä jatkuu viimeiselle
rajalle asti
ja sitä rajaa on vaikea ylittää,
kun pitää kantaa huolta siitä,
mitä omaisuudelle tapahtuu,
niin kuin sillä olisi enää merkitystä
siinä vaiheessa.

Yö oli synkkä ja levoton,
        Santiagossa satoi.
Sadesumuun nousi
        vaeltajan kone.

Kirsikkapuumme kukki,
        luonto viheriöi.
Päättyi odotus kissan,
        vaeltaja palasi.

Kävimme haudallasi,
        kaikki oli kauniisti.
Kivi, nurmikko ja kukat,
        suru täytti sydämeni.

CAPITULUM hujus Almae Apostolicae et Metropolitanae
Ecclesiae Compostellanae sigilli Altaris Beati Jacobi Apostoli
custos, ut omnibus Fidelibus et Peregrinis ex toto terrarum
Orbe, devotionis affectu vel voti causa, ad limina Apostoli
Nostri Hispaniarum Patroni ac Tutelaris **SANCTI JACOBI**
convenientibus, authenticas visitationis litteras expediat, omni-
bus et singulis praesentes inspecturis, notum facit: *Dnam*

Janura Luoma

hoc sacratissimum Templum pietatis causa devote visitasse.
In quorum fidem praesentes litteras, sigillo ejusdem Sanctae
Ecclesiae munitas, ei confero.

Datum Compostellae die *29* mensis *maii*
anno Dni *2000*.

Secretarius Capitularis